SILVIO CESAR
Música e Letra

Acompanha CD com 13 músicas para
ouvir e cantar junto.

Nº Cat: 314 - A

Irmãos Vitale S/A indústria e Comércio
www.vitale.com.br
Rua França Pinto, 42   Vila Mariana   São Paulo   SP
CEP 04016-000 Tel: 11 5081-9499 Fax: 11 5574-7388

© Copyright 2005 by Irmãos Vitale S.A. Ind. e Com. - São Paulo - Brasil
Todos os direitos autorais reservados para todos os países. *All rights reserved*.

CIP BRASIL - CATALOGAÇÃO NA FONTE
SINDICATO NACIONAL DOS EDITORES DE LIVROS - RJ

C416s

Cesar, Silvio, 1939-
    Silvio Cesar : letra e música. - São Paulo : Irmãos Vitale, 2005
        música

"Acompanha CD com 13 músicas para ouvir e cantar junto"
ISBN 85-7407-204-4

1. Cesar, Silvio, 1939-. 2. Música popular - Brasil - Textos. 3. Partituras. I. Título.

05-2569.   CDD 784.500981
                CDU 78.067.26(81)

12.08.05   16.08.05   011248

CRÉDITOS DO LIVRO

Capa
Marcia Fialho

Foto de Capa
Frederico Mendes

Editoração musical
Marcos Teixeira

**Transcrição das Músicas/
Revisão musical**
Bilinho Teixeira

Gerente de Projeto
Denise Borges

Produção executiva
Fernando Vitale

CRÉDITOS DO CD

Clarinete, sax tenor e flauta
Marcelo Bernardes

Trompete e flugel horn
Paulinho Trompete

Programação digital
Silvio Cesar

APRESENTAÇÃO

Fernando Vitale e eu temos uma parceria editor/compositor de mais de 40 anos que, depois de tanto tempo, se transformou em amizade, respeito e admiração.

Quando preparei o CD "Música e Letra" - um balanço da minha carreira, com canções que marcaram as principais fases, o Fernando me convenceu a lançarmos, simultaneamente, um álbum que fosse - como é o CD - diferente dos padrões normais.

O CD, além de tocar normalmente em qualquer aparelho de som, é também um CD-Rom onde está contada em fotos, discografia, textos etc, uma boa parte da minha história. O álbum, além da parte gráfica com as melodias, letras, cifras etc, contém um CD com as músicas executadas por dois dos maiores instrumentistas do Brasil - Paulinho Trompete e Marcelo Bernardes, para que você possa acompanhar e conferir as partituras.

Além disso, após cada faixa, acrescentamos outra com o play back e, assim, você poderá ser o solista.

Aceite este trabalho em seu coração, diretamente do

Silvio Cesar

SUMÁRIO

CD

1 – Obrigado – Instrumental
2 – Obrigado – Play Back
3 – Saudade – Instrumental
4 – Saudade – Play Back
5 – Sim e não – Instrumental
6 – Sim e não – Play Back
7 – Um casal – Instrumental
8 – Um casal – Play Back
9 – Palavras mágicas – Instrumental
10 – Palavras mágicas – Play Back
11 – Falar é fácil – Instrumental
12 – Falar é fácil – Play Back
13 – De repente – Instrumental
14 – De repente – Play Back
15 – Vamos dar as mãos – Instrumental
16 – Vamos dar as mãos – Play Back
17 – A minha prece de amor – Instrumental
18 – A minha prece de amor – Play Back
19 – Cego, surdo e mudo – Instrumental
20 – Cego, surdo e mudo – Play Back
21 – Pra você – Instrumental
22 – Pra você – Play Back
23 – O que passou, passou – Instrumental
24 – O que passou, passou – Play Back
25 – O moço velho – Instrumental
26 – O moço velho – Play Back

SUMÁRIO

LIVRO

Apresentação	3
Músicas:	
Obrigado	7
Saudade	10
Sim e não	13
Um casal	15
Palavras mágicas	17
Falar é fácil	19
De repente	23
Vamos dar as mãos	25
A minha prece de amor	27
Cego, surdo e mudo	29
Pra você	31
O que passou passou	33
O moço velho	35

Obrigado

SILVIO CESAR

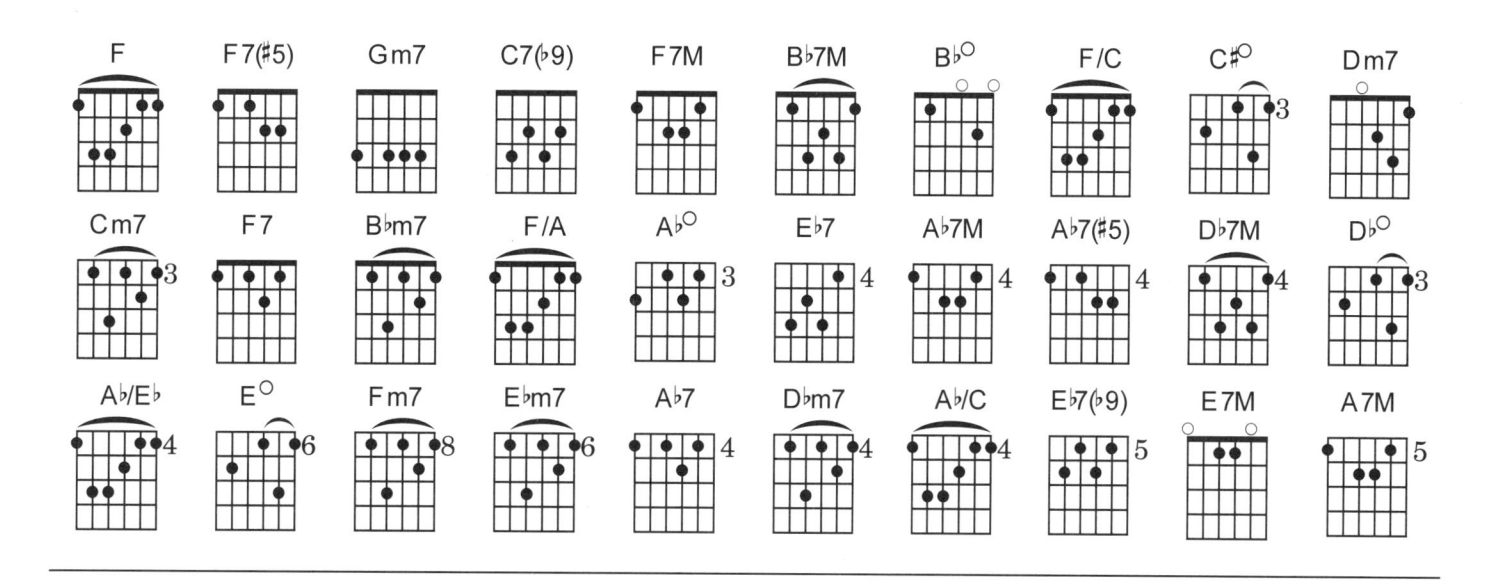

Introdução: **F F7(#5) Gm7 C7(♭9)**

  F7M   **F7(#5)**
A luz da manhã entrou pela janela,

    B♭7M   **B♭°**
Me pegou pela mão e me levou pra rua;

    F/C
Me mostrou tanta gente contente, feliz,

    C#°
A esperança no olhar, a certeza na fé

   Dm7
E a Mãe Natureza tão boa que é

        Cm7   **Cm7M F7**
E em tudo eu senti a presença de Deus.___

  B♭7M
E foi bom demais

B♭m7
Tanta paz,

       F/A
Que a alegria voltou e a tristeza se afastou

  A♭°
Pra longe de mim.

    Gm7
Quando a tarde caiu e uma estrela surgiu,

  C7(♭9)
Eu olhei para o céu e só pude dizer:

F   **Gm7 E♭7**
Obrigado!

  A♭7M   **A♭7(#5)**
A luz da manhã entrou pela janela,

    D7M   **D♭°**
Me pegou pela mão e me levou pra rua;

    A♭/E♭
Me mostrou tanta gente contente, feliz,

    E°
A esperança no olhar, a certeza na fé

   Fm7
E a Mãe Natureza tão boa que é

        E♭m7   **E♭m7 A♭7**
E em tudo eu senti a presença de Deus.___

  D♭7M
E foi bom demais

D♭m7
Tanta paz,

       A♭/C
Que a alegria voltou e a tristeza se afastou

  B°
Pra longe de mim.

    B♭m7
Quando a tarde caiu e uma estrela surgiu,

  E♭7(♭9)
Eu olhei para o céu e só pude dizer:

A♭   **A♭(#5)**   **B♭m7**
Obrigado!_____

A♭   **A♭(#5)**   **B♭m7 E♭7 E7M A7M A♭7M**
Obrigado!_____

Obrigado

A luz da manhã entrou pela janela, me pegou pela mão e me levou pra rua; me mostrou tanta gente contente, feliz, a esperança no olhar, a certeza na fé e a Mãe Natureza tão boa que é e em tudo eu senti a presença de Deus. E foi bom demais tanta paz, que a alegria voltou e a tristeza se afastou pra longe de mim. Quando a tarde caiu e uma estrela surgiu, eu olhei para o céu e só pude dizer: Obrigado!

A luz da manhã entrou pela janela,

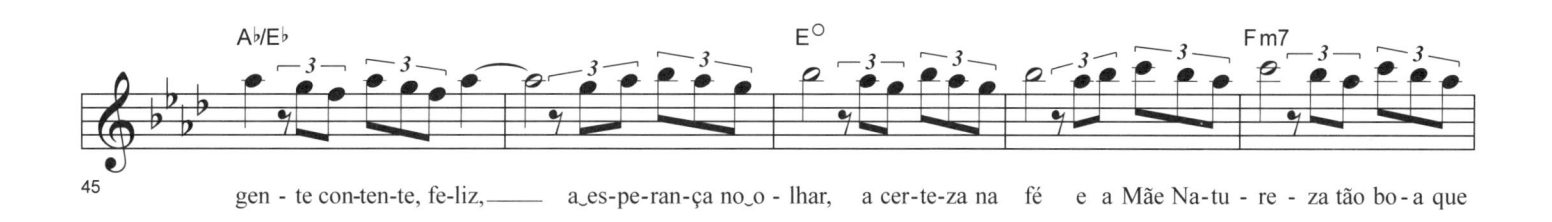

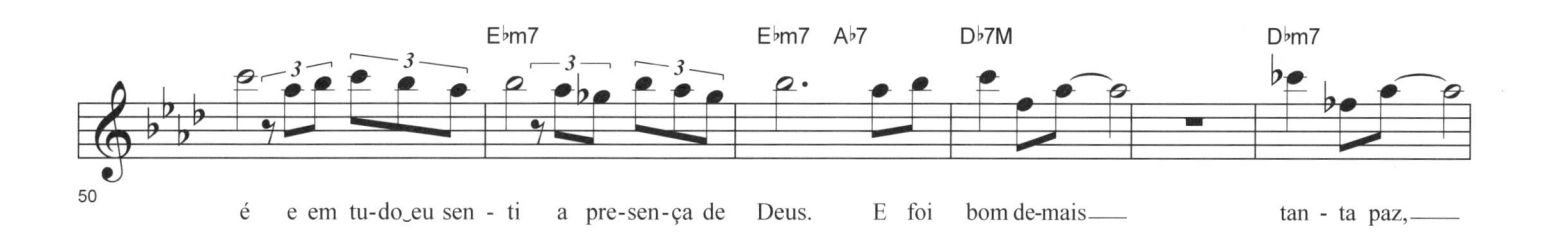

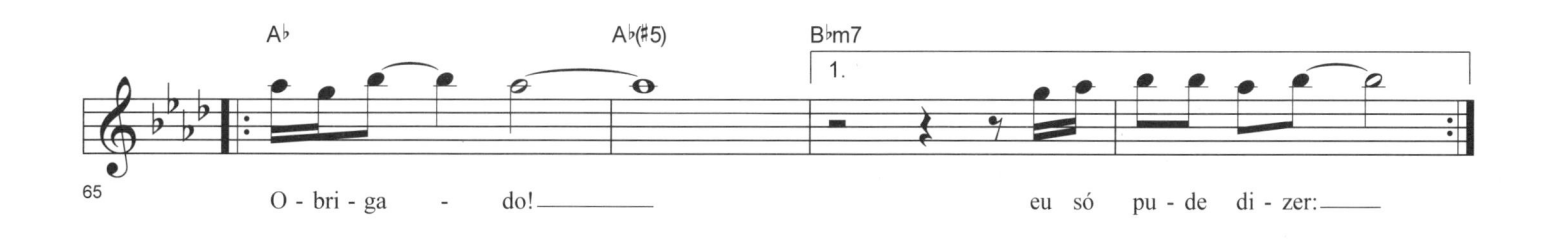

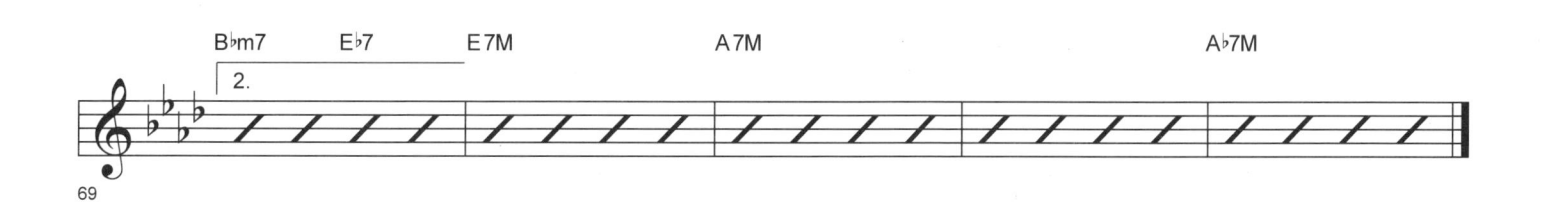

me pe - gou pe - la mão e me le - vou pra ru - a; me mos - trou tan - ta gen - te con - ten - te, fe - liz,___ a_es - pe - ran - ça no_o - lhar, a cer - te - za na fé e a Mãe Na - tu - re - za tão bo - a que é e em tu - do_eu sen - ti a pre - sen - ça de Deus. E foi bom de - mais___ tan - ta paz,___ que_a_a - le - gria vol - tou___ e_a tris - te - za se_a - fas - tou___ pra lon - ge de mim.___ Quan - do_a tar - de ca - iu___ e_u - ma_es - tre - la sur - giu,___ eu o - lhei pa - ra_o céu___ e só pu - de di - zer:___ O - bri - ga - do!___ eu só pu - de di - zer:___

Saudade

SILVIO CESAR

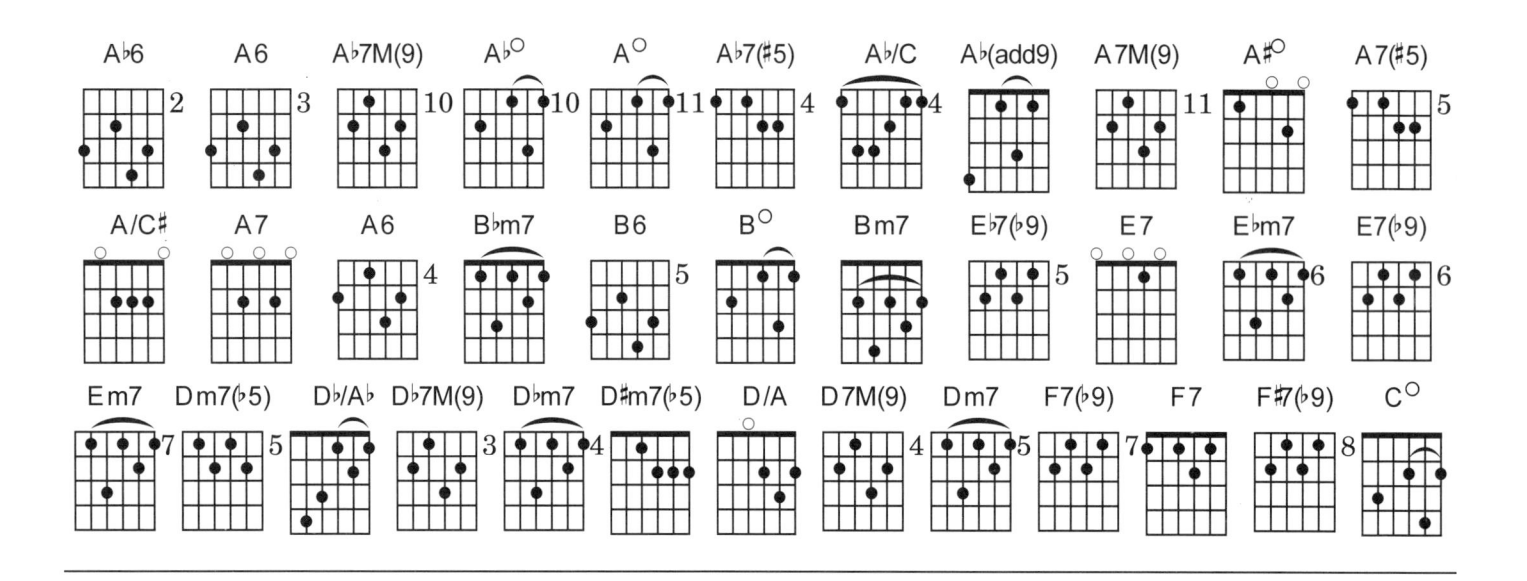

   A♭6   A6   B♭m7
'Eu vou dizer pra você
      D6   E♭7(♭9)   A♭6
O que é   saudade,
   Dm7(♭5)
Esta palavra
       B♭m7
Que o mundo inteiro
     E7   E♭7(♭9)
Não traduziu.
    A♭7M(9)   A♭°
A saudade não tem tradução.
   D♭/A♭   F7(♭9)
É partir e fingir que não._____
   B♭m7   A°
É guardar o adeus no olhar,
   B♭m7   A°
Fechar os olhos e de tudo lembrar
   E♭m7   A♭7(♯5) D♭7M(9)
E só viver para um dia poder vol_tar.
   Dm7(♭5)   D♭m7
Eu sei que você tem razão,_____
   A♭/C   B°
A saudade ninguém traduziu,
   B♭m7   E♭7(♭9)
Mas, saudade não tem tradução
       A♭(add9) E7
Se você não sentiu._____
   A6
Saudade,
   D♯m7(♭5)
Esta palavra

      Bm7
Que o mundo inteiro
     F7   E7(♭9)
Não traduziu.
   A7M(9)   A°
A saudade não tem tradução.
   D/A   F♯7(♭9)
É partir e fingir que não._____
   Bm7   A♯°
É guardar o adeus no olhar,
   Bm7   A♯°
Fechar os olhos e de tudo lembrar
   Em7   A7(♯5) D7M(9)
E só viver para um dia poder voltar.
   D♯m7(♭5)   Dm7
Eu sei que você tem razão,_____
   A/C♯   C°
A saudade ninguém traduziu,__
   Bm7   E7(♭9)
Mas, saudade não tem tradução_____
     Em7 A7
Se você não sentiu._____
   D♯m7(♭5)   Dm7
Eu sei que você tem razão,_____
   A/C♯   C°
A saudade ninguém traduziu,__
   Bm7   E7(♭9)
Mas, saudade só tem tradução_____
      D♯m7(♭5) Dm7 A/C♯ C° Bm7
Se você já sentiu._____
   A6(♯11) A6
Sauda___de___

Saudade

Eu vou dizer pra você O que é Saudade, Esta palavra Que o mundo inteiro Não traduziu. A saudade não tem tradução. É partir e fingir que não. É guardar o adeus no olhar, Fechar os olhos e de tudo lembrar E só viver para um dia poder voltar. Eu sei que você tem razão, A saudade ninguém traduziu, Mas, saudade não tem tradução Se você não sentiu. Saudade, Esta palavra Que o mundo inteiro

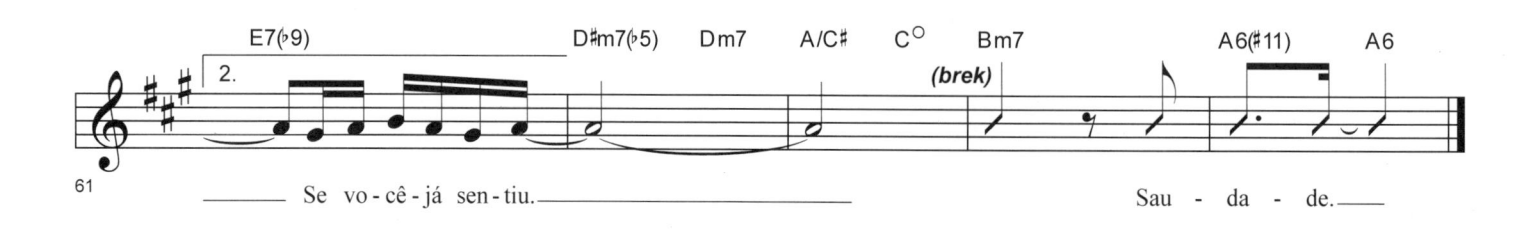

— Não tra-du-ziu. A sau-da-de não tem tra-du-ção. É par-tir e fin-gir que não. _____ É guar-dar o a-deus no o-lhar, Fe-char os o-lhos e de tu-do lem--brar _____ E só vi-ver pa-ra um di-a po-der vol-tar. Eu sei que vo-cê tem ra-zão, _____ A sau-da-de nin-guém tra-du-ziu, _____ Mas, sau--da-de não tem tra-du-ção _____ Se vo-cê não sen-tiu. _____ Eu
-da-de só tem tra-du-ção _____

Se vo-cê-já sen-tiu. _____ Sau-da-de. _____

Sim e não

SILVIO CESAR

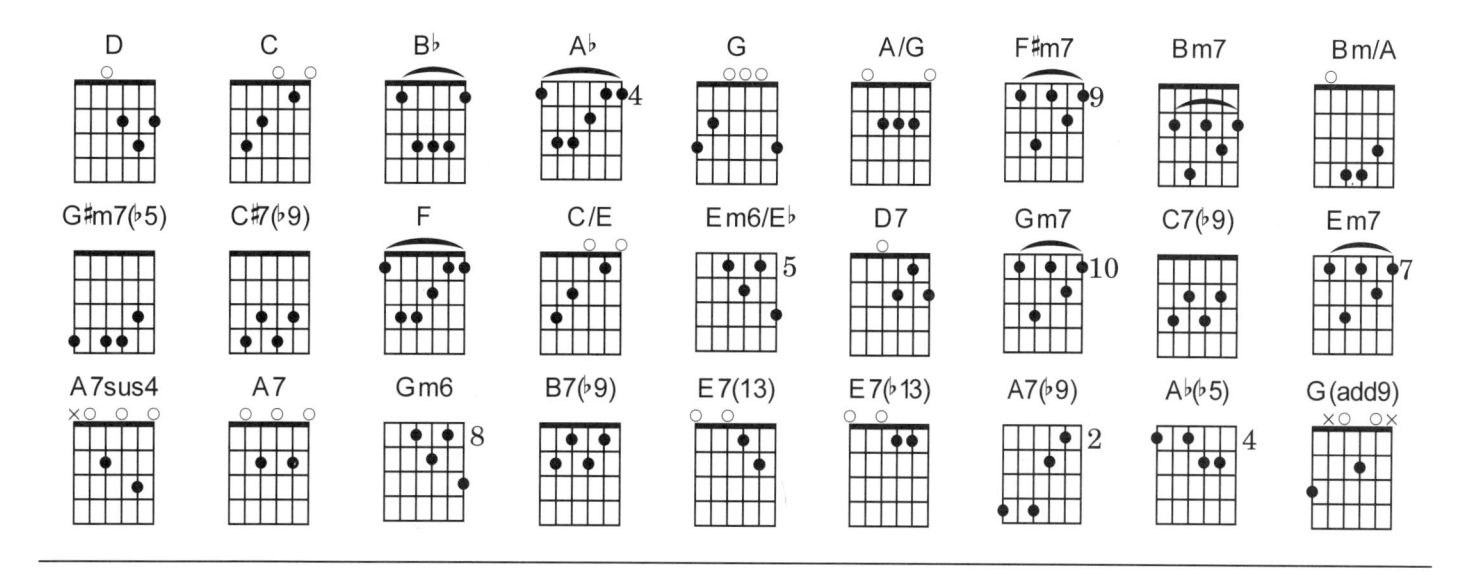

Introdução: **D C B♭ A♭ G**

D
Sim,

C
Não

      B♭
São duas palavras,

      A♭
São duas estradas,

    G
Duas verdades.

A/G
Sim,

     F#m7   **Bm7**
Sim eu me entrego._____

Bm/A   **G#m7(♭5)**   **C#7(♭9)**
Não, eu não ne____go_____

   F#m7
O meu amor.

F
Sim,

     C/E **Em6/E♭**
Te amo e não digo._____

      Gm7 **C7(b9)**
Sou teu castigo_____

   Em7 **A7sus4**   **A7**
E salvador._____

D   **Bm7**
Sim,_____

Bm/A   **G#m7(♭5)**   **Gm6**
Teus pés eu la____vo._____

     F#m7   **B7(♭9)**
Sou teu escravo_____

    E7(13) **E7(♭13)** **Em7** **A7(♭9)**
E teu senhor._____

D
Sim,

C
Não

     B♭
São duas estradas,

     A♭
São duas verdades,

    G   **A♭(♭5)**
Duas palavras._____

Repete de:
Sim, sim eu me entrego...

Para final:

    G(add9)
Duas palavras.

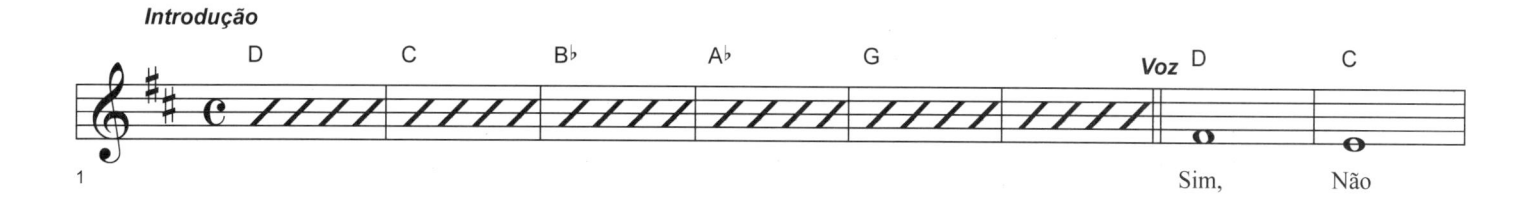

São du-as pa-la-vras, São du-as es-tra-das, Du-as ver--da-des. Sim, Sim eu me en-tre-go. Não, eu não ne-go O meu a-mor. Sim, Te a-mo e não di-go. Sou teu cas-ti-go E sal-va-dor. Sim, Teus pés eu la-vo. Sou teu es-cra-vo E teu se-nhor. Sim, Não São du-as es-tra-das, São du-as ver-da-des, Du-as pa-la-vras. Du-as pa-la-vras.

Um casal

SILVIO CESAR

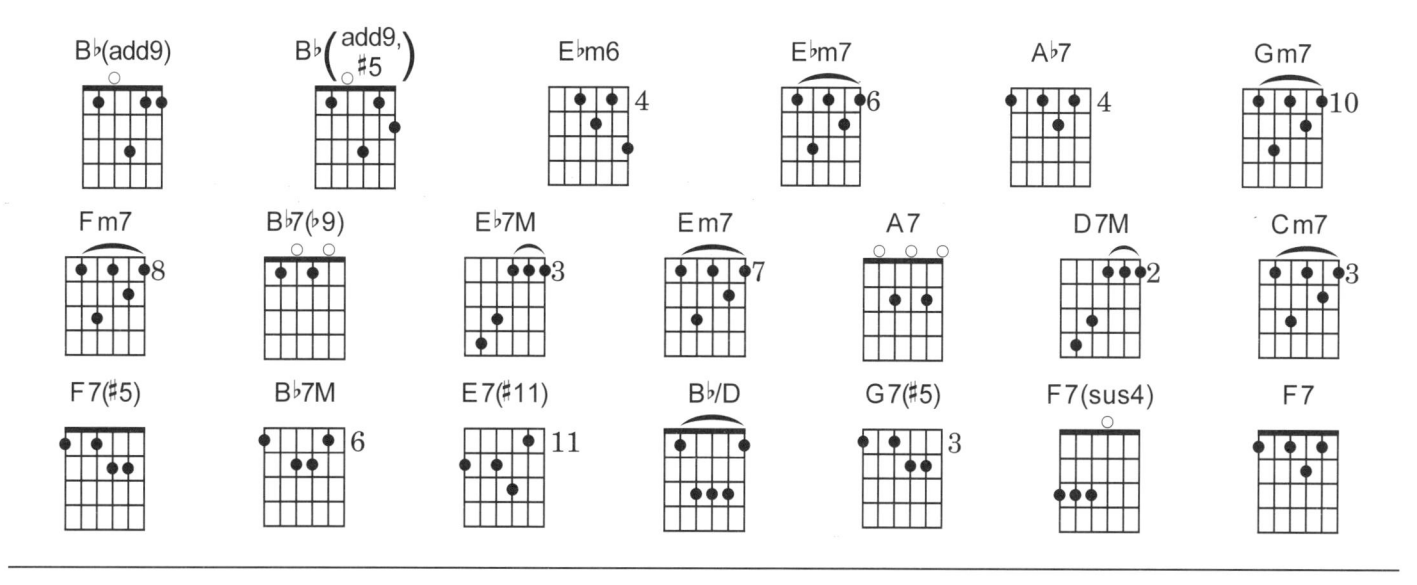

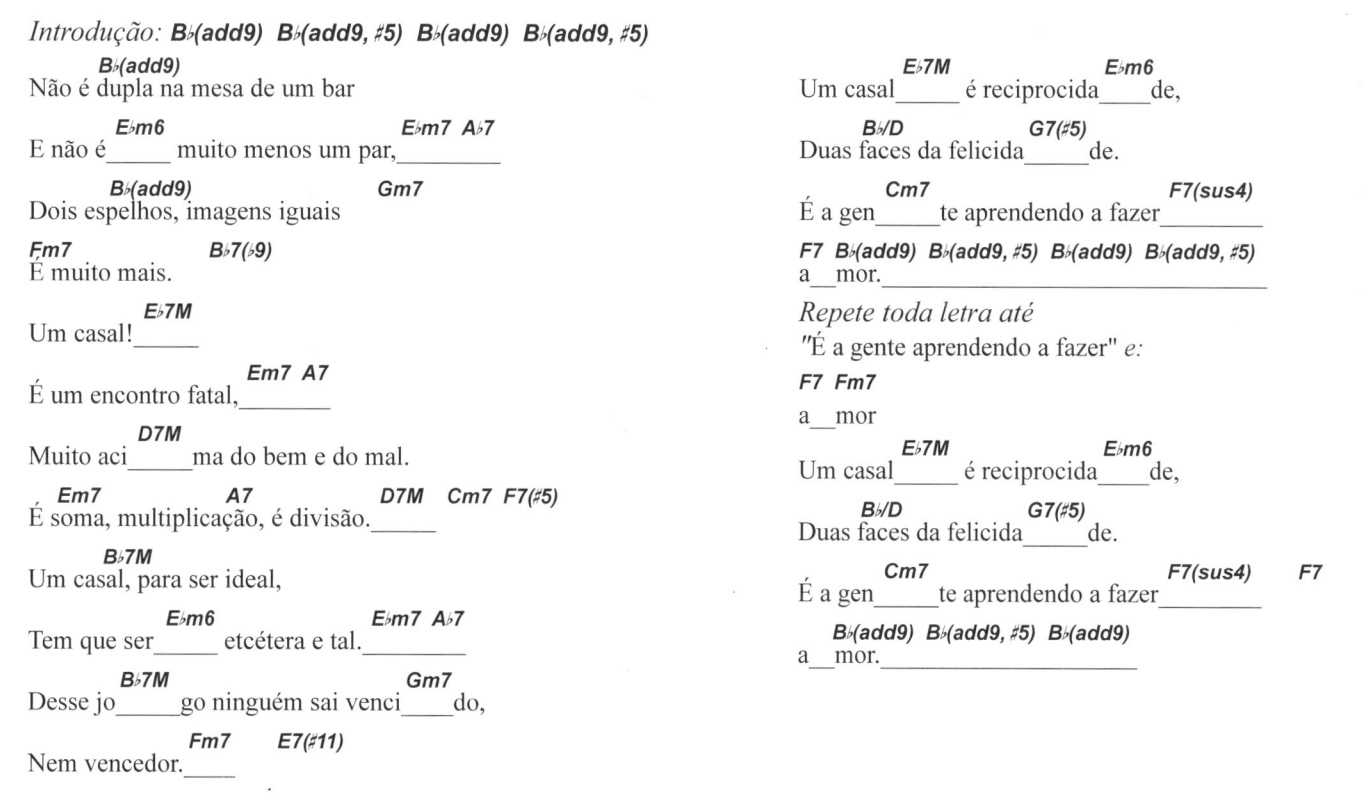

Introdução: **B♭(add9) B♭(add9, ♯5) B♭(add9) B♭(add9, ♯5)**

B♭(add9)
Não é dupla na mesa de um bar

     E♭m6   **E♭m7 A♭7**
E não é____ muito menos um par,_____

  B♭(add9)   **Gm7**
Dois espelhos, imagens iguais

Fm7   **B♭7(♭9)**
É muito mais.

      E♭7M
Um casal!____

           Em7 A7
É um encontro fatal,_____

      D7M
Muito aci____ma do bem e do mal.

 Em7   **A7**   **D7M   Cm7 F7(♯5)**
É soma, multiplicação, é divisão.____

 B♭7M
Um casal, para ser ideal,

        E♭m6   **E♭m7 A♭7**
Tem que ser____ etcétera e tal._____

    B♭7M   **Gm7**
Desse jo____go ninguém sai venci____do,

        Fm7   **E7(♯11)**
Nem vencedor.____

       E♭7M   **E♭m6**
Um casal____ é reciprocida____de,

    B♭/D   **G7(♯5)**
Duas faces da felicida____de.

      Cm7   **F7(sus4)**
É a gen____te aprendendo a fazer_____

F7 B♭(add9) B♭(add9, ♯5) B♭(add9) B♭(add9, ♯5)
a__mor._____

Repete toda letra até
"É a gente aprendendo a fazer" e:

F7 Fm7
a__mor

       E♭7M   **E♭m6**
Um casal____ é reciprocida____de,

    B♭/D   **G7(♯5)**
Duas faces da felicida____de.

      Cm7   **F7(sus4)**   **F7**
É a gen____te aprendendo a fazer_____

  B♭(add9) B♭(add9, ♯5) B♭(add9)
a__mor._____

Copyright © by IRMÃOS VITALE S/A INDÚSTRIA E COMÉRCIO
Todos os direitos autorais reservados para todos os países.
All Rights Reserved. International Copyright Secured

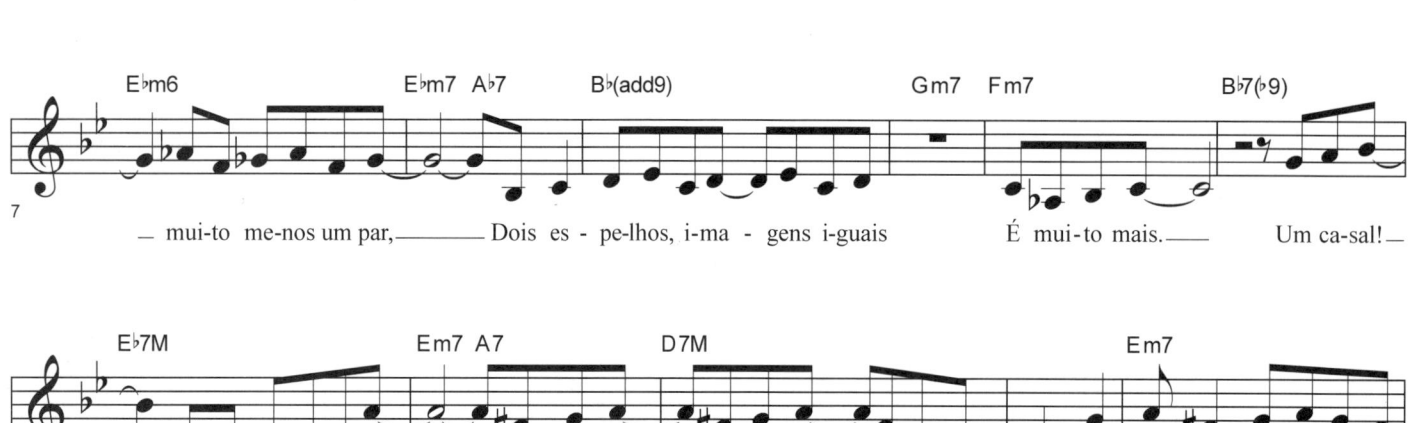

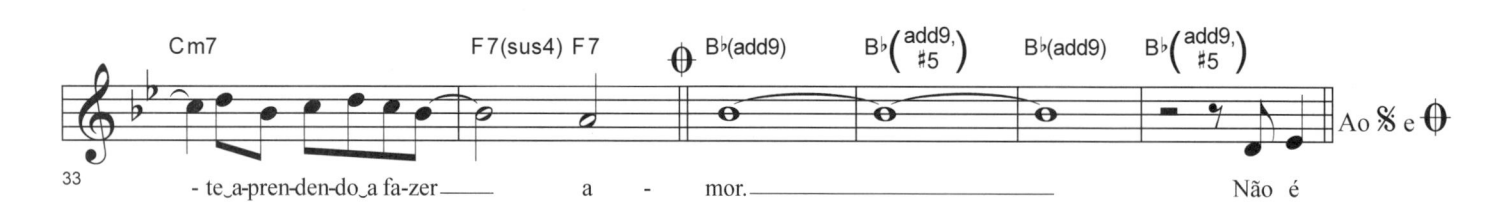

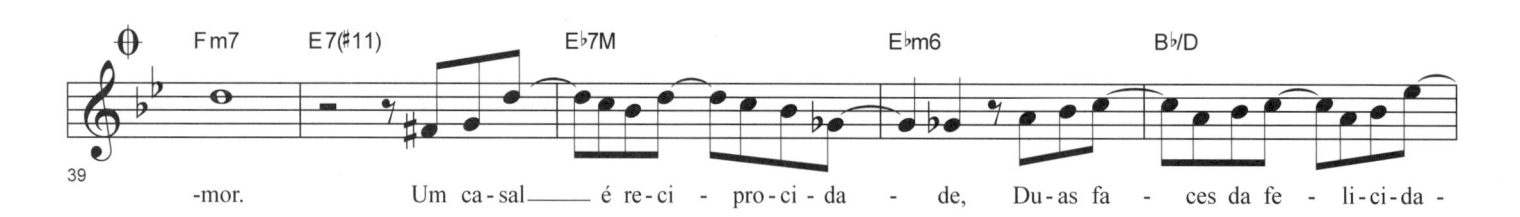

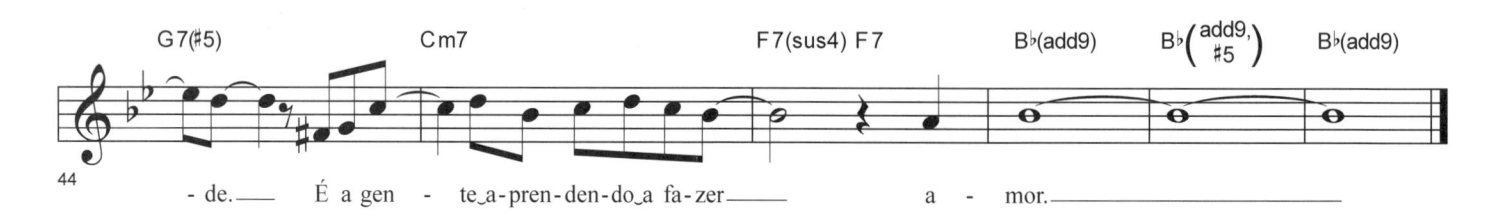

muito menos um par, Dois espelhos, imagens iguais É muito mais. Um casal! É um encontro fatal, Muito acima do bem e do mal. É soma, multiplicação, é divisão. Um casal, para ser ideal, Tem que ser etcétera e tal. Desse jogo ninguém sai vencido, Nem vencedor. Um casal é reciprocidade, Duas faces da felicidade. É a gente aprendendo a fazer amor. Não é mor. Um casal é reciprocidade, Duas faces da felicidade. É a gente aprendendo a fazer amor.

Palavras mágicas

SILVIO CESAR

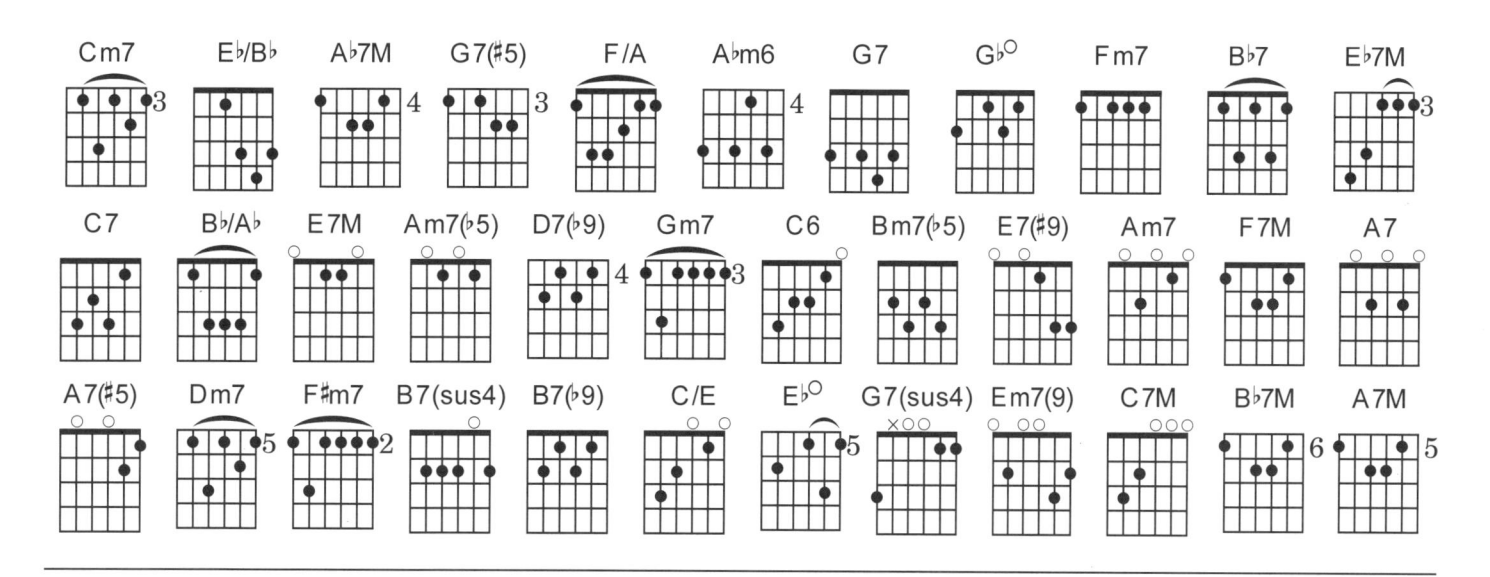

Introdução: **Cm7 E♭/B♭ A♭7M G7(♯5)**
Cm7 E♭/B♭ A♭7M G7(♯5) Cm7
        F/A
Eu não conheço as palavras

A♭m6
Mágicas

G7   **G♭°**
Capazes de abrir

Fm7   **B♭7 E♭7M**
As portas do teu coração

C7   **Fm7**
Secar as tuas lágrimas,

B♭/A♭   **E7M E♭7M**
Chorar tuas dor__es

Cm7 E♭/B♭   **Am7(♭5)**
E transformar em flores

  D7(♭9) Gm7
Os espinhos do chão.

G7(♯5)
Eu só conheço:

  C6
Por favor!

  Bm7(♭5)
Parabéns!

E7(♯9) Am7
E obrigado!

Gm7 **C7** **F7M**
Mas não quero o meu amor

  A7 A7(♯5) Dm7
Assim humi__lhado,

  F♯m7
Por isso, não direi:

  B7(sus4)
Abracadabra!

  B7(♭9)
Abra-te Cézamo!

  C/E
Shazam!

E♭° **Dm7**
Eu só direi: te amo

  G7(sus4) Em7(9)
Ontem, hoje, amanhã!

A7(♯5) **Dm7**
Eu só direi: te amo

  G7(sus4) C7M
Ontem, hoje, amanhã!

Instrumental: **F7M E♭7M A♭7M D♭7M**

Repete de:
Eu só conheço: Por favor!...

Instrumental: **F7M C7M F7M C7M B♭7M A7M**

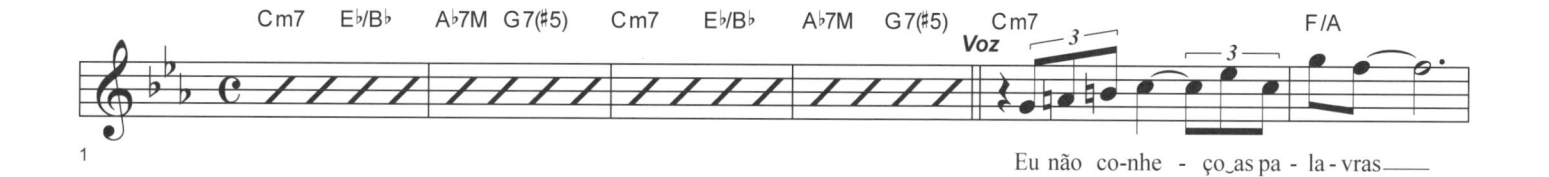

Eu não co-nhe - ço as pa - la - vras

Má-gi-cas___ Ca-pa-zes de a-brir As por-tas do teu___ co-ra-ção Se-car as tu-as lá-gri-mas,___ Cho-rar tu-as do-res E trans-for-mar em flo-res Os es--pi-nhos___ do chão. Eu só co-nhe-ço: Por fa-vor! Pa-ra-béns! E o bri--ga-do! Mas não que-ro o meu a-mor___ As-sim hu-mi-lha-do, Por is-so, não di-rei:___ A-bra-ca-da-bra! A-bra-te Cé-za-mo! Sha-zam! Eu só di-rei: te a-mo___ On-tem, ho-je, a-ma-nhã!___ Eu só di-rei: te a-mo___ On-tem, ho-je, a-ma--nhã!___

Eu só co-nhe-ço: Por fa-

Falar é fácil

SILVIO CESAR

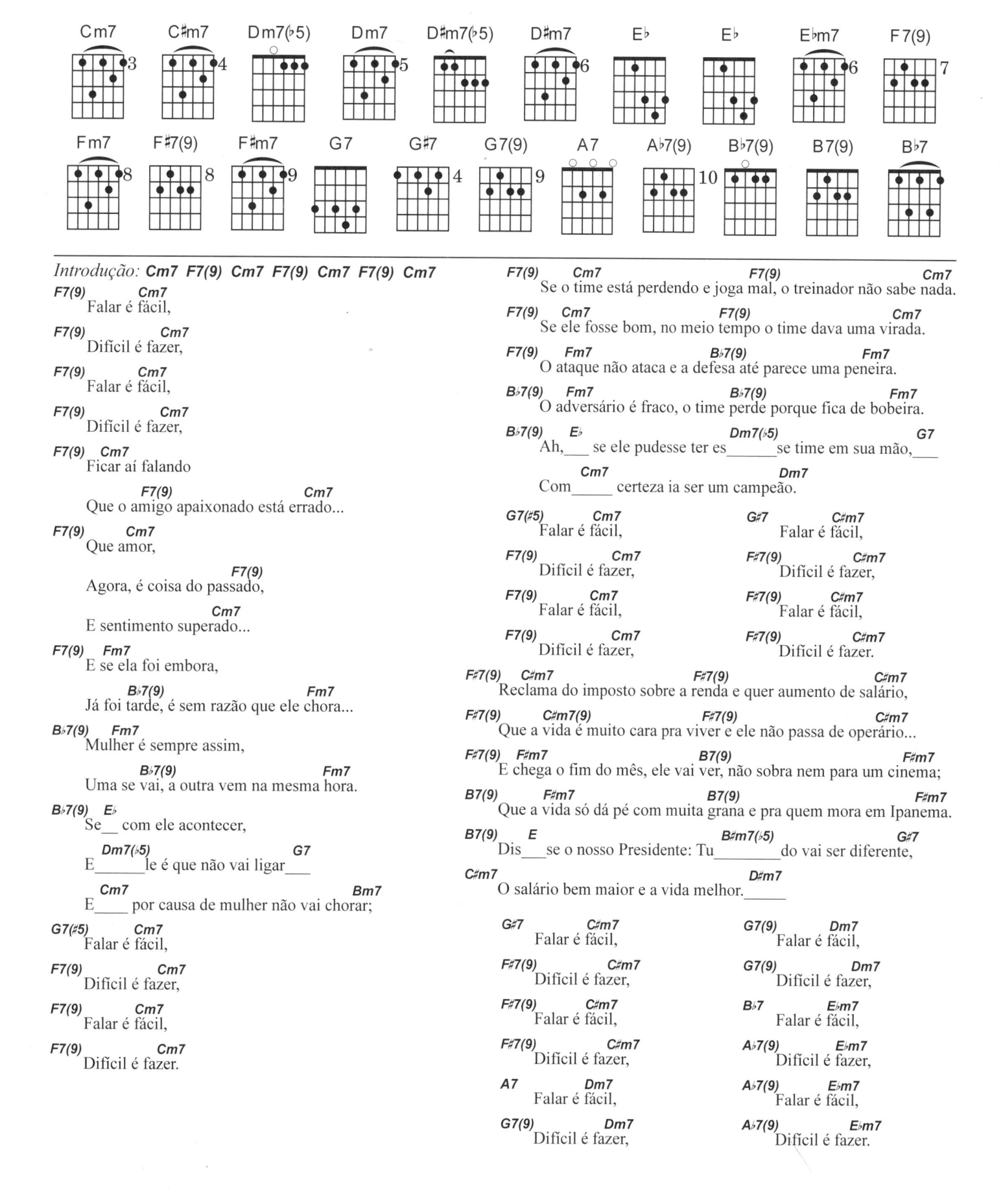

Introdução: **Cm7 F7(9) Cm7 F7(9) Cm7 F7(9) Cm7**

F7(9) Cm7
 Falar é fácil,
F7(9) Cm7
 Difícil é fazer,
F7(9) Cm7
 Falar é fácil,
F7(9) Cm7
 Difícil é fazer,
F7(9) Cm7
 Ficar aí falando
       F7(9) Cm7
 Que o amigo apaixonado está errado...
F7(9) Cm7
 Que amor,
        F7(9)
 Agora, é coisa do passado,
         Cm7
 E sentimento superado...
F7(9) Fm7
 E se ela foi embora,
       Bb7(9) Fm7
 Já foi tarde, é sem razão que ele chora...
Bb7(9) Fm7
 Mulher é sempre assim,
         Bb7(9) Fm7
 Uma se vai, a outra vem na mesma hora.
Bb7(9) Eb
 Se__ com ele acontecer,
     Dm7(b5)   G7
 E_____le é que não vai ligar___
      Cm7   Bm7
 E____ por causa de mulher não vai chorar;
G7(#5) Cm7
 Falar é fácil,
F7(9) Cm7
 Difícil é fazer,
F7(9) Cm7
 Falar é fácil,
F7(9) Cm7
 Difícil é fazer.

F7(9) Cm7   F7(9)   Cm7
 Se o time está perdendo e joga mal, o treinador não sabe nada.
F7(9) Cm7   F7(9)   Cm7
 Se ele fosse bom, no meio tempo o time dava uma virada.
F7(9) Fm7   Bb7(9)   Fm7
 O ataque não ataca e a defesa até parece uma peneira.
Bb7(9) Fm7   Bb7(9)   Fm7
 O adversário é fraco, o time perde porque fica de bobeira.
Bb7(9) Eb   Dm7(b5)   G7
 Ah,___ se ele pudesse ter es_____se time em sua mão,___
       Cm7   Dm7
 Com_____ certeza ia ser um campeão.

G7(#5) Cm7   G#7   C#m7
 Falar é fácil,   Falar é fácil,
F7(9) Cm7   F#7(9) C#m7
 Difícil é fazer,   Difícil é fazer,
F7(9) Cm7   F#7(9) C#m7
 Falar é fácil,   Falar é fácil,
F7(9) Cm7   F#7(9) C#m7
 Difícil é fazer,   Difícil é fazer.

F#7(9) C#m7   F#7(9)   C#m7
 Reclama do imposto sobre a renda e quer aumento de salário,
F#7(9) C#m7(9)   F#7(9)   C#m7
 Que a vida é muito cara pra viver e ele não passa de operário...
F#7(9) F#m7   B7(9)   F#m7
 E chega o fim do mês, ele vai ver, não sobra nem para um cinema;
B7(9) F#m7   B7(9)   F#m7
 Que a vida só dá pé com muita grana e pra quem mora em Ipanema.
B7(9) E   B#m7(b5)   G#7
 Dis___se o nosso Presidente: Tu_____do vai ser diferente,
C#m7   D#m7
 O salário bem maior e a vida melhor._____

G#7   C#m7   G7(9)   Dm7
 Falar é fácil,   Falar é fácil,
F#7(9) C#m7   G7(9)   Dm7
 Difícil é fazer,   Difícil é fazer,
F#7(9) C#m7   Bb7   Ebm7
 Falar é fácil,   Falar é fácil,
F#7(9) C#m7   Ab7(9)   Ebm7
 Difícil é fazer,   Difícil é fazer,
A7   Dm7   Ab7(9)   Ebm7
 Falar é fácil,   Falar é fácil,
G7(9) Dm7   Ab7(9)   Ebm7
 Difícil é fazer,   Difícil é fazer.

Falar é fácil

Fa-lar é fá-cil, Di-fí-cil é fa-zer, Fa-lar é fá-cil, Di-fí-cil é fa-zer.

Fi-car a-í fa-lan-do que o a-mi-go a-pai-xo-na-do es-tá er-ra-do...
ti-me es-tá per-den-do e jo-ga mal, o trei-na-dor não sa-be na-da.

Que a-mor, a-go-ra, é coi-sa do pas-sa-do, e sen-ti-men-to su-pe-ra-do...
Se e-le fos-se bom, no mei-o tem-po o ti-me da-va u-ma vi-ra-da.

E se e-la foi em-bo-ra, já foi tar-de, é sem ra-zão que e-le cho-ra...
O a-ta-que não a-ta-ca e a de-fe-sa a-té pa-re-ce u-ma pe-nei-ra.

Mu-lher é sem-pre as-sim, u-ma se vai, a ou-tra vem na mes-ma ho-ra.
O ad-ver-sá-rio é fra-co, o ti-me per-de por-que fi-ca de bo-bei-ra.

Se___ com e-le a-con-te-cer,___ E-le é que não vai li-gar___ E___
Ah,___ se e-le pu-des-se ter___ Es-se ti-me em su-a mão,___ Com___

Copyright © by IRMÃOS VITALE S/A INDÚSTRIA E COMÉRCIO
Todos os direitos autorais reservados para todos os países.
All Rights Reserved. International Copyright Secured

—por cau-sa de mu-lher— Não vai cho - rar; Fa-lar é fá - cil, Di-fí-cil é fa-
—cer-te-za i - a ser— Um cam - pe - ão.

-zer, Fa-lar é fá-cil, Di-fí-cil é fa - zer. Se_o Fa-lar é

fá - cil, Di-fí-cil é fa - zer, Fa-lar é fá - cil, Di-fí-cil é fa - zer.

Re - cla - ma do im - pos - to so - bre_a ren-da_e quer au - men - to de sa - lá - rio,

Que_a vi - da_é mui - to ca - ra pra vi - ver e_e - le não pas - sa de_o - pe - rá - rio...

E che - ga_o fim do mês, e - le vai ver, não so - bra nem pa - ra_um ci - ne - ma;

Que_a vi - da só dá pé com mui - ta gra - na_e pra quem mo - ra_em I - pa - ne - ma.

Dis - se_o nos - so Pre - si - den - te: Tu - do vai ser di - fe - ren - te, O—

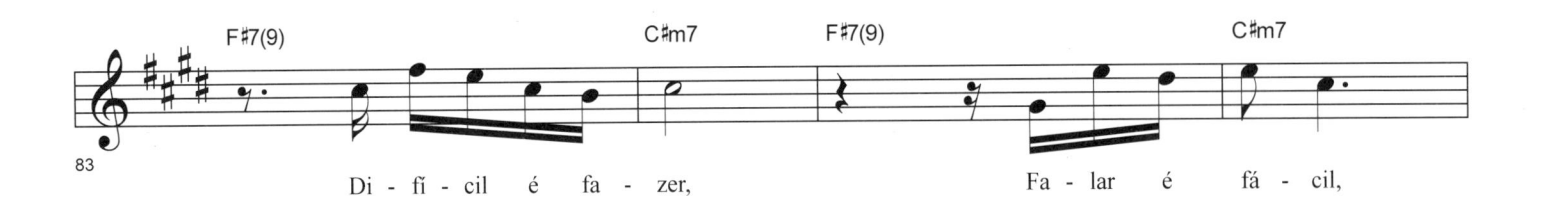

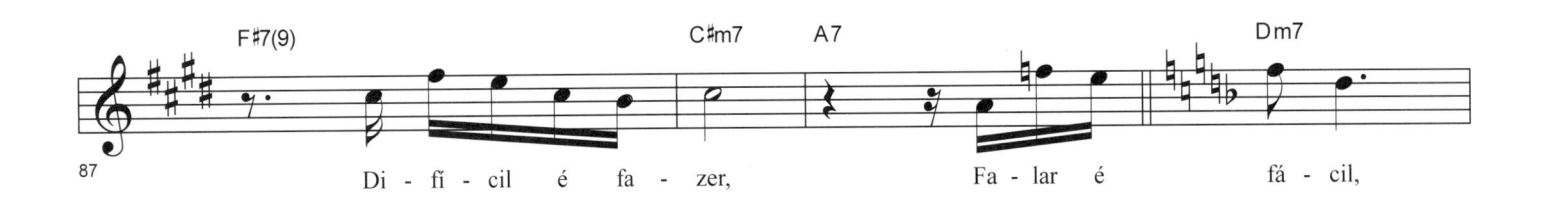

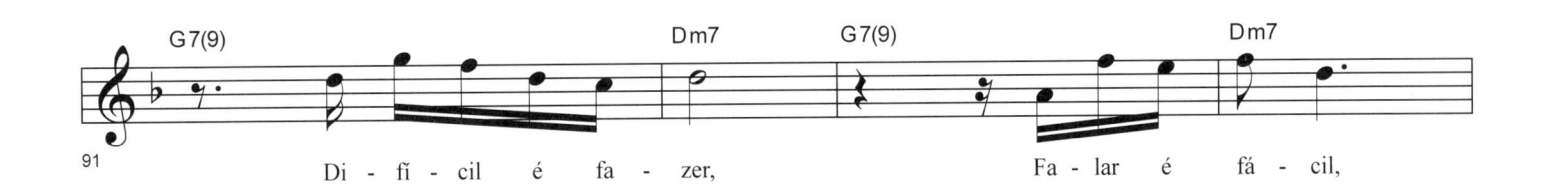

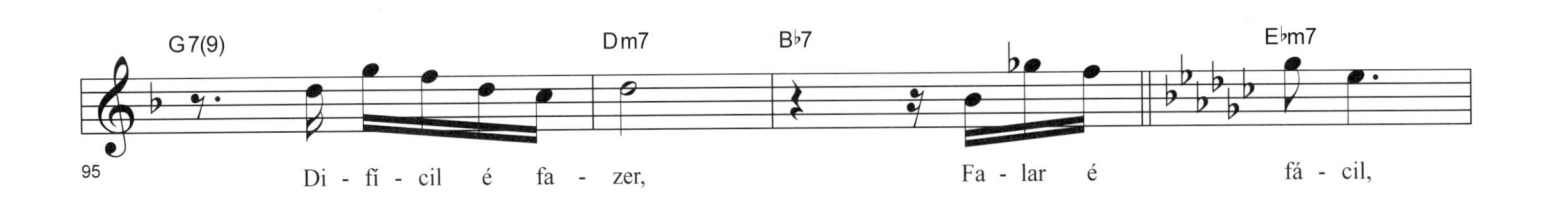

sa - lá - rio bem mai - or___ E_a vi - da me - lhor. Fa - lar é fá - cil,

Di - fí - cil é fa - zer, Fa - lar é fá - cil,

Di - fí - cil é fa - zer, Fa - lar é fá - cil,

Di - fí - cil é fa - zer, Fa - lar é fá - cil,

Di - fí - cil é fa - zer, Fa - lar é fá - cil,

Di - fí - cil é fa - zer, Fa - lar é fá - cil, Di - fí - cil é fa - zer.

De repente

SILVIO CESAR

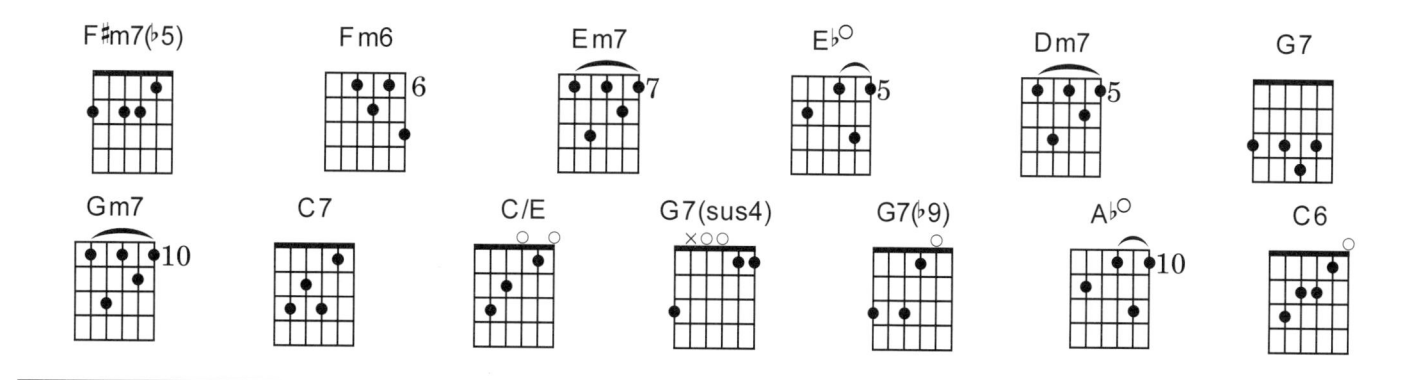

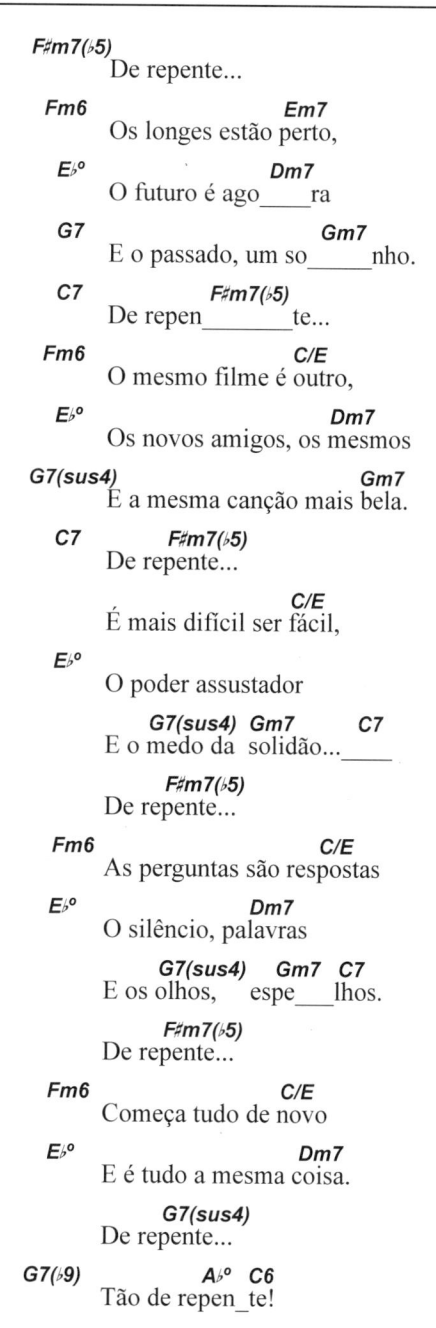

F#m7(b5)
De repente...
Fm6   Em7
Os longes estão perto,
Eb°   Dm7
O futuro é ago____ra
G7   Gm7
E o passado, um so____nho.
C7   F#m7(b5)
De repen_____te...
Fm6   C/E
O mesmo filme é outro,
Eb°   Dm7
Os novos amigos, os mesmos
G7(sus4)   Gm7
É a mesma canção mais bela.
C7   F#m7(b5)
De repente...
             C/E
É mais difícil ser fácil,
Eb°
O poder assustador
         G7(sus4) Gm7   C7
E o medo da solidão...____
         F#m7(b5)
De repente...
Fm6   C/E
As perguntas são respostas
Eb°   Dm7
O silêncio, palavras
        G7(sus4) Gm7 C7
E os olhos,   espe___lhos.
        F#m7(b5)
De repente...
Fm6   C/E
Começa tudo de novo
Eb°   Dm7
E é tudo a mesma coisa.
       G7(sus4)
De repente...
G7(b9)   Ab° C6
Tão de repen_te!

De repente

Voz

De re-pen-te... Os lon-ges es-tão per-to, O fu-tu-ro_é a-go-ra 'E_o pas-sa-do, um so-nho. De re-pen-te... O mes-mo fil-me_é ou-tro,___ Os no-vos a-mi-gos, os mes-mos___ E_a mes-ma can-ção mais be-la. De re-pen-te...___ É mais di-fí-cil ser fá-cil,___ O po-der as-sus-ta-dor E o me-do___ da so-li-dão...___ De re-pen-te...___ As per-gun-tas são res-pos-tas___ O si-lên-cio, pa-la-vras___ E os o-lhos,___ es-pe-lhos.___ De re-pen-te...___ Co-me-ça tu-do de no-vo___ E_é tu-do_a mes-ma coi-sa.___ De re-pen-te... Tão de re-pen-te!

Vamos dar as mãos

SILVIO CESAR

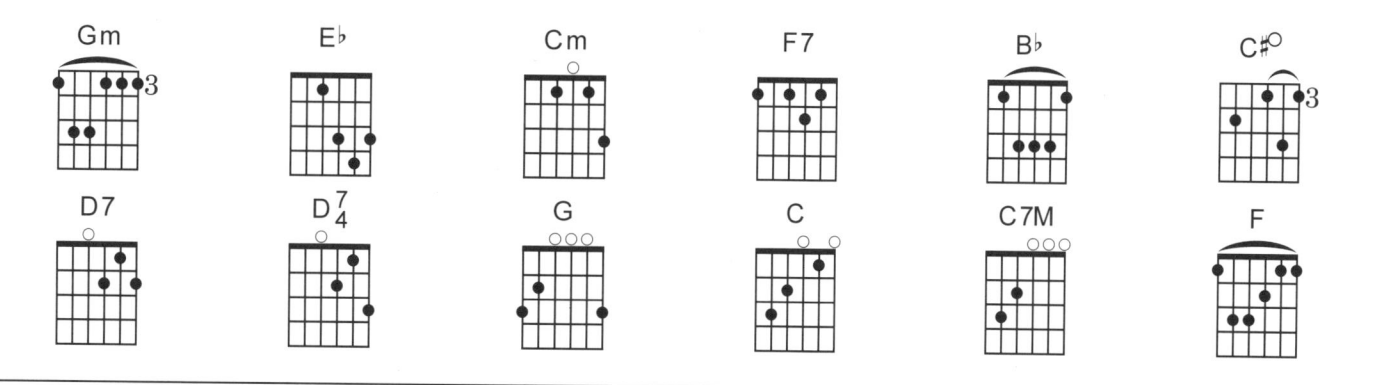

Introdução: **Gm Eb Gm**

Antes do pano cair...
              Cm
Antes que as luzes se apa____guem,
F7   **Bb**
Todas as portas se fe__chem,
Eb   **Cm**
Todas as vozes se ca____lem...
F7   **Bb**
Antes que o dia anoite___ça
Eb   **Cm**
E nunca mais amanhe___ça...
C#°
Antes que a vida na terra
     D7(4) D7   **D7(4) D7**
Desapare____ça...

Bis:
G   **C**
Vamos dar as mãos!
             G
Vamos dar as mãos!
C7M
Vamos lá!
G   **C**   **F**   **D7**
E vamos, juntos, cantar!

Instrumental: **Gm Eb Gm**

Antes do grande final...
             Cm
Antes dos rios seca____rem,
F7   **Bb**
Todas as mães se perde___rem,
Eb   **Cm**
Todos os olhos chora____rem...
F7   **Bb**
Antes que o medo da vi___da
Eb   **Cm**
Faça de mim um covar____de...
C#°
Antes que tudo se perca
    D7(4) D7   **D7(4) D7**
E seja tar___de...

Bis:
G   **C**
Vamos dar as mãos!
             G
Vamos dar as mãos!
C7M
Vamos lá!
G   **C**   **F**   **D7**
E vamos, juntos, cantar!
fade out

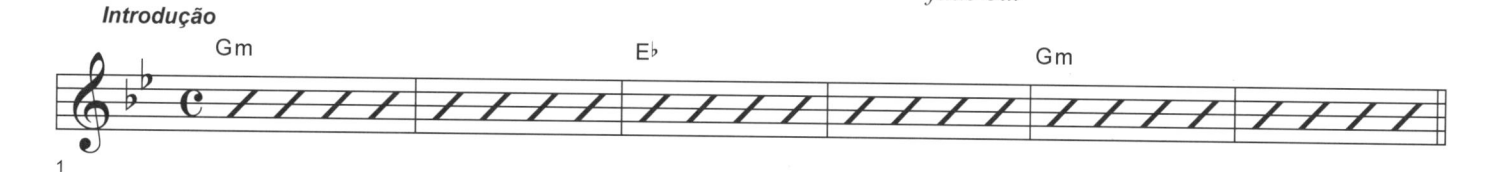

Copyright © by IRMÃOS VITALE S/A INDÚSTRIA E COMÉRCIO
Todos os direitos autorais reservados para todos os países.
All Rights Reserved. International Copyright Secured

Todas as portas se fechem, Todas as vozes se calem...
Todas as mães se perderem, Todos os olhos chorarem...

Antes que o dia a noite ça E nunca mais amanheça...
Antes que o medo da vida Faça de mim um covarde...

Antes que a vida na terra Desapareça...
Antes que tudo se perca E seja tarde...

Vamos dar as mãos! Vamos dar as mãos! Vamos lá!

E vamos, juntos, cantar! Vamos dar as mãos! Vamos dar as mãos!

Vamos lá! E vamos, juntos, cantar!

D.C.

Vamos dar as mãos! Vamos dar as mãos! Vamos lá!

E vamos, juntos, cantar!

(fade out)

A minha prece de amor

SILVIO CESAR

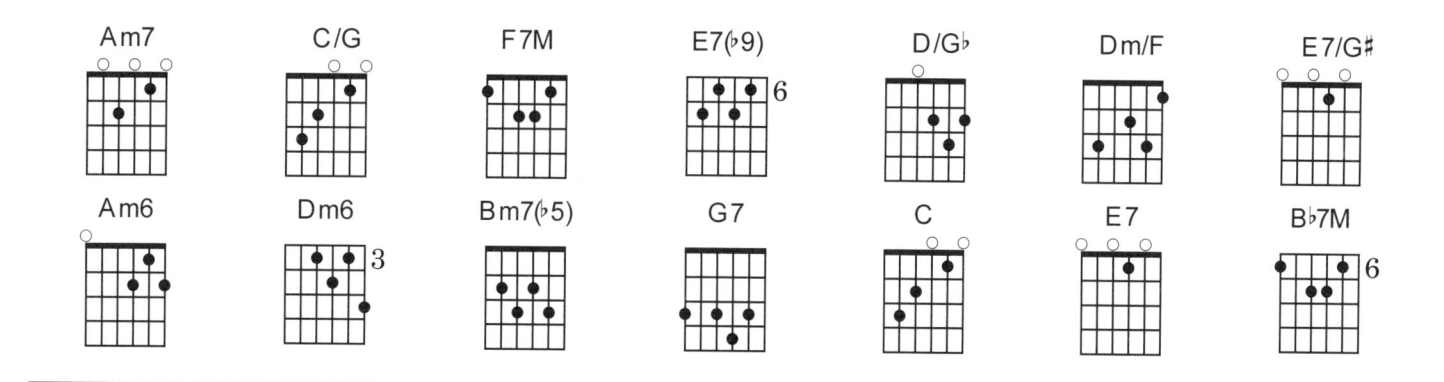

Introdução: **Am7 C/G F7M E7(♭9)**

Am7
Meu amor,

Não deixe o nosso amor
 D/F#
Entristecer,
 Dm/F   **E7/G#**
Porque não pode um grande amor
 Am7
Enfraquecer,
    Am6
Eu deixei nas tuas mãos
 Dm6   **Bm7(♭5)**
Os sonhos meus
G7
E de ti não quero ouvir
 C **E7**
Nenhum adeus.

Recitado:

E foi num mundo
De muita violência
E tão pouco amor,
Onde eu não reconheço mais
Meu pai, nem minha mãe
E vejo nos olhos do meu irmão
Tanto medo,
No sorriso do meu vizinho,
Tanta desconfiança
E nos gestos do inimigo,
Tanto rancor e nenhum perdão...
Foi num mundo de muitos deuses
E poucas crenças,
Muita ciência e pouca humildade...
Mundo de grandes e pequenos,
Fortes e fracos,
Ricos e pobres...
Foi num mundo como esse
Que eu te encontrei e te amei...
Eu quero fazer de ti
A minha mulher!

Am7
Vem

E põe em minhas mãos
 D/F#
O coração
Dm/F   **E7/G#**
Eu te dei e quero ter
 Am7
O teu perdão
      Am6
Faz do amor que existe em nós,
 Dm6   **Bm7(♭5)**
Amor sem fim,
G7
Paz na terra
   E7 **F7M**
A quem amou assim!
Instrumental: **B♭7M E7 Am6**

A minha prece de amor

Introdução

Meu amor, Não deixe o nosso amor Entristecer, Porque não pode um grande amor Enfraquecer, Eu deixei nas tuas mãos Os sonhos meus E de ti não quero ouvir Nenhum adeus.

Recitativo

Vem E põe em minhas mãos O coração Eu te dei e quero ter O teu perdão Faz do amor que existe em nós, Amor sem fim, Paz na terra a quem amou assim!

Copyright © by IRMÃOS VITALE S/A INDÚSTRIA E COMÉRCIO
Todos os direitos autorais reservados para todos os países.
All Rights Reserved. International Copyright Secured

Cego, surdo e mudo

SILVIO CESAR

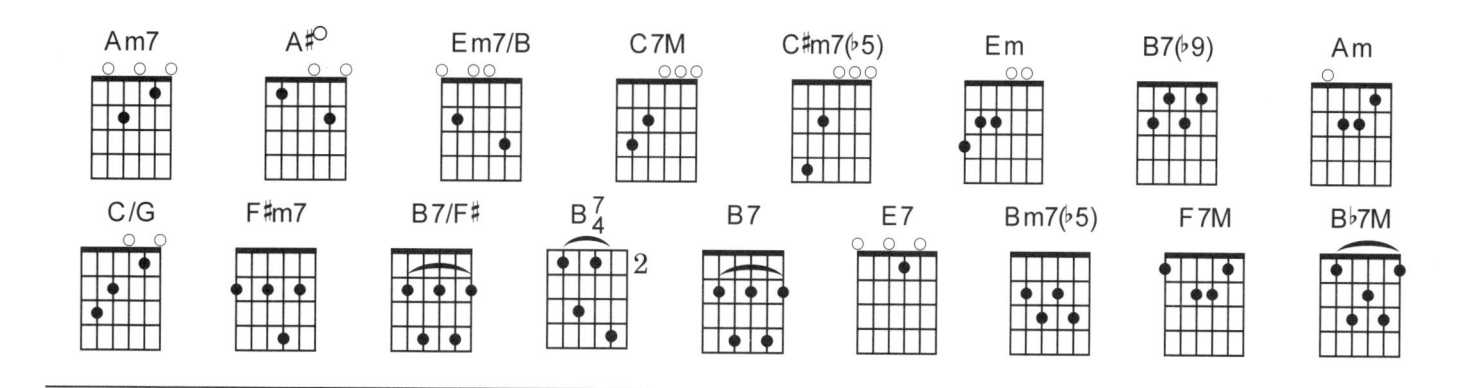

Introdução: **Am7 A#° Em7/B C7M C#m7(♭5) Em**

B7(♭9)   Em
⠀⠀⠀⠀⠀Primeiro eu tinha só meus olhos,
⠀⠀⠀⠀**Am**⠀⠀**C/G**
Porém não vi__a._____

⠀⠀⠀**F#m7(11)**⠀⠀⠀⠀⠀⠀**B7/F#**
Depois eu descobri as próprias mãos
⠀⠀⠀⠀⠀**Em**
E eram vazias.

Am
Meus ouvidos surdos,
⠀**A#°**⠀⠀⠀⠀⠀**Em7/B**
⠀⠀Minha boca fechada
C7M⠀⠀⠀⠀**Cm7(5)**
⠀⠀Alma aprisionada,
C7M⠀⠀⠀**B7/(4) B7**
⠀⠀Eu não vivi____a.

⠀**Em**
Então você chegou
⠀⠀⠀⠀⠀⠀⠀⠀⠀**Am**⠀⠀**C/G**
E me ensinou a eternidade,____
F#m7(11)
Depois me fez ouvir
⠀⠀⠀⠀⠀**B7**⠀⠀⠀⠀**E7**
E eu pude ver a minha idade

⎡ **Am**⠀⠀⠀⠀⠀⠀⠀⠀⠀⠀**A#°**
⎢ ⠀⠀E transformou as minhas mãos
⎢ ⠀⠀⠀⠀⠀⠀⠀⠀⠀**Em7/B**
⎢ Nas mãos do seu pastor
Bis ⎢ **C7M**⠀⠀⠀⠀⠀**C#m7(♭5)**
⎢ ⠀⠀E aprendeu comigo
⎢ ⠀⠀⠀⠀⠀**C7M**⠀⠀**B7**
⎢ E viveu comi___go
⎢ ⠀⠀**Em**
⎣ O amor.

Instrumental: **Bm7(♭5) E7**

Cego, surdo e mudo

Introdução

Primeiro eu tinha só meus olhos, Porém não via. Depois eu descobri as próprias mãos E eram vazias. Meus ouvidos surdos, Minha boca fechada Alma aprisionada, Eu não via. Então você chegou e me ensinou a eternidade, Depois me fez ouvir e eu pude ver a minha idade E transformou as minhas mãos nas mãos do seu pastor E aprendeu comigo e viveu comigo o amor. -mor.

Copyright © by IRMÃOS VITALE S/A INDÚSTRIA E COMÉRCIO
Todos os direitos autorais reservados para todos os países.
All Rights Reserved. International Copyright Secured

Pra você

SILVIO CESAR

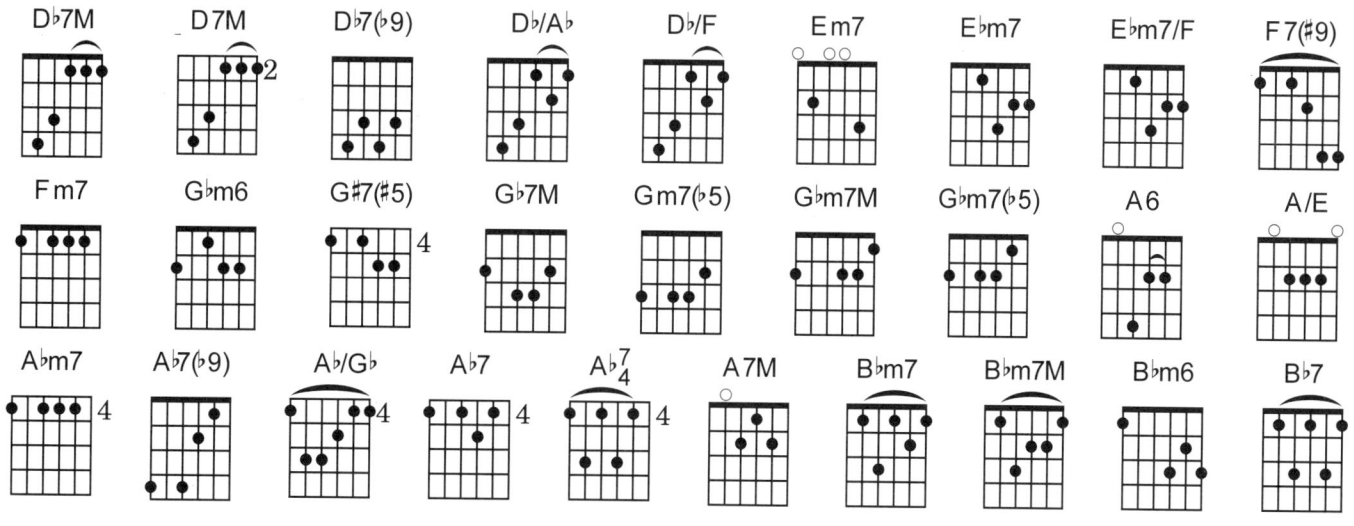

Introdução: **D♭7M A6 D♭7M**

D♭7M   **G♭m6**
  Pra você, eu guardei

A/E   **G#7(#5)**
  Um amor infinito.

D♭7M   **A♭m7**
  Pra você, procurei

D♭7(♭9)   **G♭7M F7(#9)**
  O lugar mais boni____to.

B♭m7   **B♭m7M**
  Pra você, eu sonhei

D♭/A♭   **Gm7(♭5)**
  O meu sonho de paz.

G♭7M   **Fm7 Em7**
  Pra você, me guardei_____

   E♭m7   A♭7(♭9)
  Demais, demais!

D♭7M   **G♭m6**
  Se você não voltar,

A/E   **G#7(#5)**
  O que faço da vida?

D♭7M   **A♭m7**
  Não sei mais procurar

D♭7(♭9)   **G♭7M**
  A alegria perdida

Gm7(♭5)   **G♭m7M**
  Eu não sei nem porque

D♭/F   **B♭m6**
  Terminou tudo assim.

E♭m7   **Em7/F   E♭m7**
  Ah, se eu fosse você

A♭/G♭   **Fm7**
  Eu voltava pra mim!

   B♭7
  Voltava sim.

E♭m7   **A♭7 A♭7(4)**
  Ah, se eu fosse você_____

A♭7   **G♭m7(♭5) A♭7   A7M D7M D♭7M B♭m7**
  Eu voltava   pra   mim!_____

Pra você

Pra vo-cê, eu guar-dei Um a-mor in-fi-ni-to. Pra vo-cê, pro-cu-rei O lu-gar mais bo-ni-to. Pra vo-cê, eu so-nhei O meu so-nho de paz. Pra vo-cê, me guar-dei De-mais, de-mais! Se vo-cê não vol-tar, O que fa-ço da vi-da? Não sei mais pro-cu-rar A a-le-gri-a per-di-da Eu não sei nem por-que Ter-mi-nou tu-do as-sim. Ah, se eu fos-se vo-cê Eu vol-ta-va pra mim! Vol-ta-va sim. Ah, se eu fos-se vo-cê Eu vol-ta-va pra mim!

Copyright © by IRMÃOS VITALE S/A INDÚSTRIA E COMÉRCIO
Todos os direitos autorais reservados para todos os países.
All Rights Reserved. International Copyright Secured

O que passou, passou

SILVIO CESAR

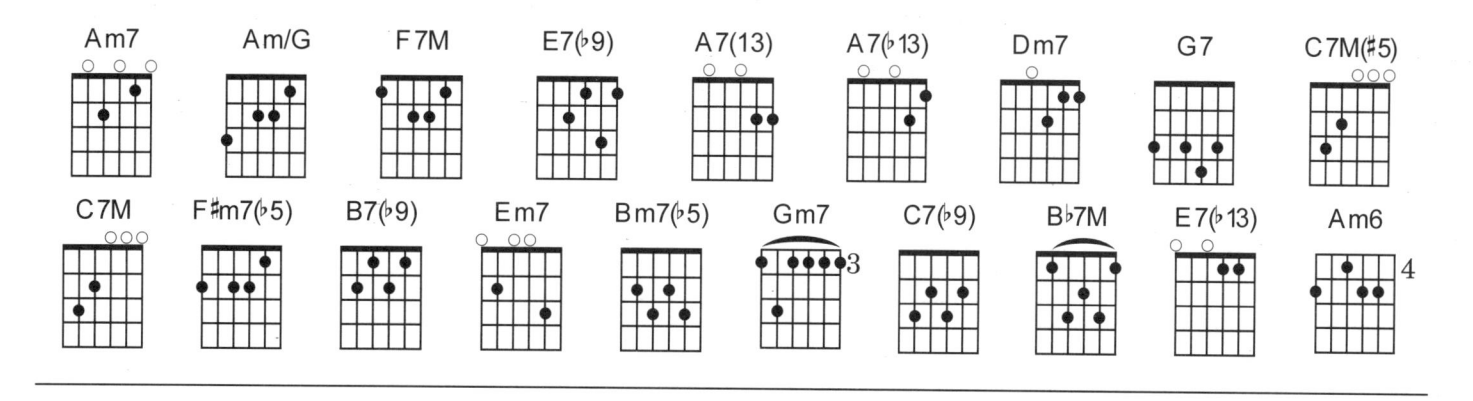

Introdução: **Am7 Am/G F7M E7(♭9)**
Am7 Am/G F7M E7(♭9)
Am7   F7M
Ah,

E7(♭9)   Am7   A7(13) A7(♭13)
Quanta saudade

    Dm7   G7
Do tempo em que eu era feliz

      C7M(♯5)   C7M
Com meu amor!

     F♯m7(♭5)   B7(♭9)
Nosso tempo não tinha passado,

     Em7   A7(♭13)
Nem depois;

    Dm7   G7
Era só agora

     C7M   E7(♭9)
Era só nós dois

Am7   F7M
Ah!

E7(♭9)   Am7   A7(13) A7(♭13)
Ah se eu pudesse

  Dm7   G7
Fazer esse tempo voltar

    C7M(5)   C7M
Outra vez!

     F♯m7(♭5)   B7(♭9)   Em7   A7(♭13)
Eu queria que o mundo parasse de girar,

    Dm7   G7
Pra tanta certeza

     C7M   Am7
Nunca se acabar!

    Bm7(♭5)   E7(♭9)
Mas isso é so____nho,_____

    Am7   Gm7
Tudo mudou.

C7(♭9)   Bm7(♭5) E7(♭13)   F7M B♭7M E7(♭13) Am6
O que passou,   passou._____

O que passou, passou

Introdução

Ah, quanta saudade
Do tempo em que eu era feliz Com meu amor!
Nosso tempo não tinha passado, Nem depois;
Era só agora Era só nós dois

Ah! Ah se eu pudesse
Fazer esse tempo voltar Outra vez!
Eu queria que o mundo parasse de girar,
Pra tanta certeza Nunca se acabar!

Mas isso é sonho, Tudo mudou. O que passou, passou.

O moço velho

SILVIO CESAR

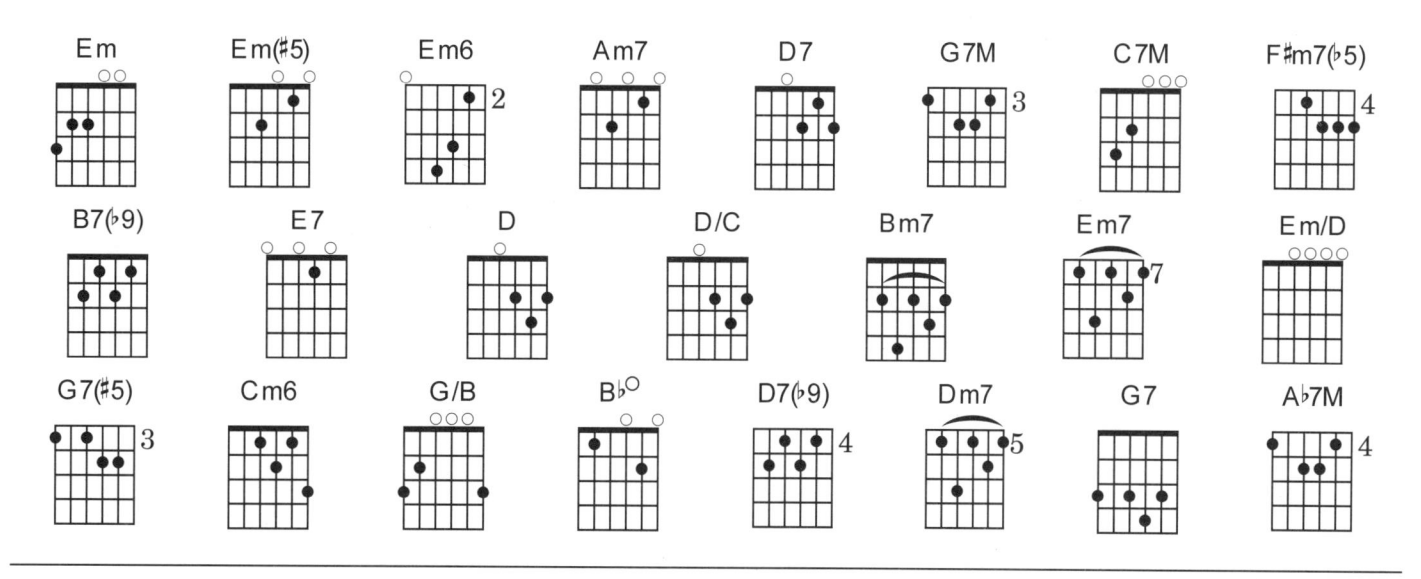

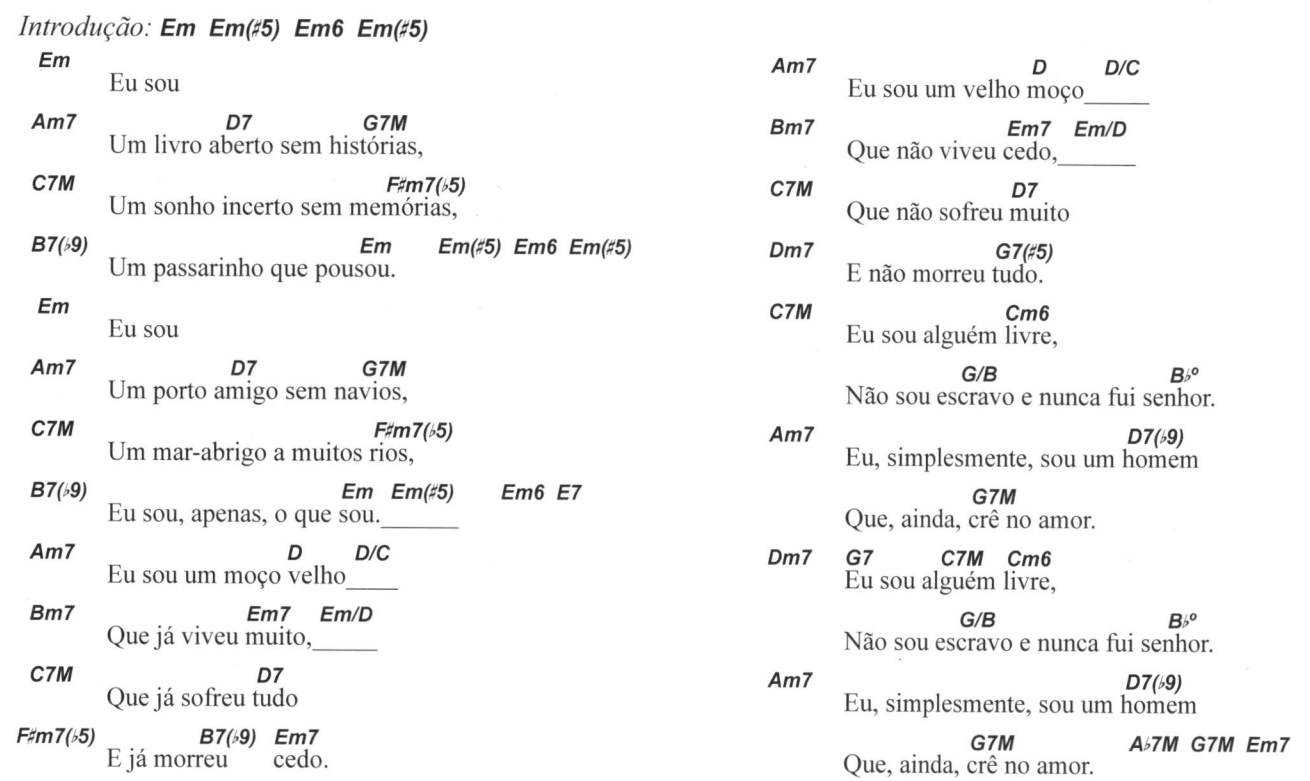

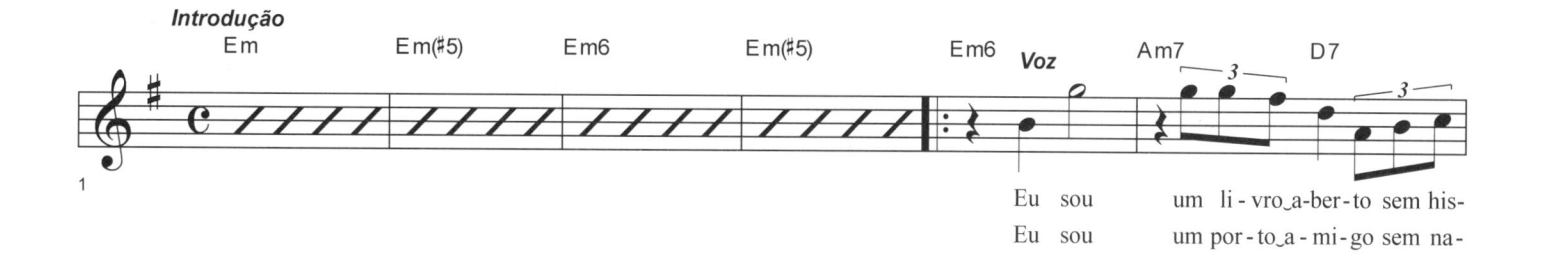

Introdução: **Em Em(#5) Em6 Em(#5)**

Em
Eu sou
Am7   D7   G7M
Um livro aberto sem histórias,
C7M   F#m7(b5)
Um sonho incerto sem memórias,
B7(b9)   Em   Em(#5) Em6 Em(#5)
Um passarinho que pousou.
Em
Eu sou
Am7   D7   G7M
Um porto amigo sem navios,
C7M   F#m7(b5)
Um mar-abrigo a muitos rios,
B7(b9)   Em Em(#5) Em6 E7
Eu sou, apenas, o que sou._____
Am7   D   D/C
Eu sou um moço velho____
Bm7   Em7   Em/D
Que já viveu muito,_____
C7M   D7
Que já sofreu tudo
F#m7(b5)   B7(b9) Em7
E já morreu   cedo.

Am7   D   D/C
Eu sou um velho moço_____
Bm7   Em7   Em/D
Que não viveu cedo,_____
C7M   D7
Que não sofreu muito
Dm7   G7(#5)
E não morreu tudo.
C7M   Cm6
Eu sou alguém livre,
G/B   Bb°
Não sou escravo e nunca fui senhor.
Am7   D7(b9)
Eu, simplesmente, sou um homem
G7M
Que, ainda, crê no amor.
Dm7 G7   C7M Cm6
Eu sou alguém livre,
G/B   Bb°
Não sou escravo e nunca fui senhor.
Am7   D7(b9)
Eu, simplesmente, sou um homem
G7M   AbM7 G7M Em7
Que, ainda, crê no amor.

Introdução

Eu sou um li-vro a-ber-to sem his-
Eu sou um por-to a-mi-go sem na-

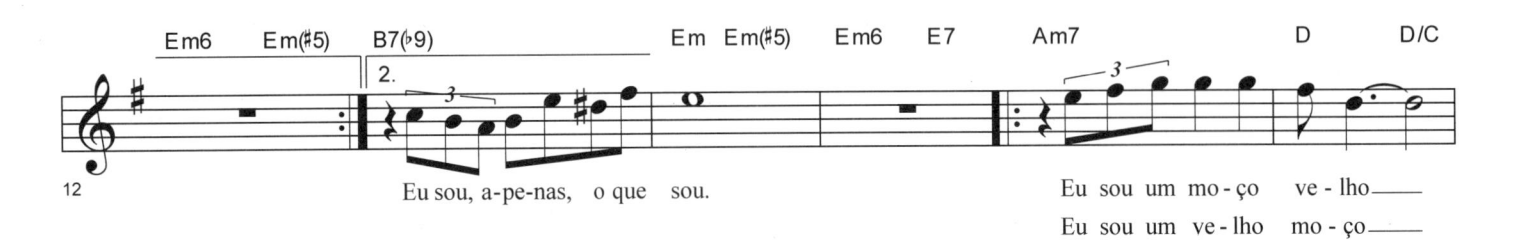

-tó - rias,　Um so - nho in - cer - to sem me - mó - rias,　Um pas - sa - ri - nho que pou - sou.
-vi - os,　Um mar a - bri - go a mui - tos ri - os,

Eu sou, a - pe - nas, o que sou.　Eu sou um mo - ço ve - lho
　　　　　　　　　　　　　　　　Eu sou um ve - lho mo - ço

Que já vi - veu mui - to,　Que já so - freu tu - do　E já mor - reu ce - do.
Que não vi - veu ce - do,　Que não so - freu mui - to

E não mor - reu tu - do.　Eu sou al - guém li - vre,　Não sou es - cra - vo e nun - ca fui se-

-nhor.　Eu, sim - ples - men - te, sou um ho - mem　Que, a - in - da, crê no a - mor.　Eu sou al-

-guém li - vre　Não sou es - cra - vo e nun - ca fui se - nhor.　Eu sim - ples - men - te sou um

ho - mem　Que a - in - da crê no a - mor.